Mayte d

PABLO
PICASSO

Pablo Ruiz Picasso, fue una de las figuras más célebres del siglo XX. Un gran genio de la pintura contemporánea. Nació en Málaga el 25 de octubre de 1881, hijo de Maria Picasso y del profesor de dibujo y pintor José Ruiz Blasco. Posteriormente se trasladaron a La Coruña y Barcelona, donde Picasso comenzó sus estudios artísticos. Pero su meta es Paris donde finalmente se instalará. Fallece en Mougins (Provenza) en 1973.

Tanto su situación personal como social influyeron notablemente en su obra, especialmente sus relaciones con las mujeres (dos matrimonios, cuatro hijos y múltiples relaciones sentimentales). Pero lo que más afectó al artista fue el estallido de la guerra civil española y en concreto el bombardeo de Guernica, que provocó la realización de su obra más famosa.

Artista polifacético, además de pinturas, realizó esculturas, grabados y piezas de cerámica.

TEXTO, EJERCICIOS Y NOTAS Mayte del Monte
ASESORAMIENTO Angela Martí
EDITING Pablo Ibáñez

La Spiga languages

Cuando uno comienza un nuevo trabajo no puede evitar sentir un hormigueo[1] en el estómago, cierta sensación nerviosa y emocionante a la vez.

Yo estaba frente a la puerta de la Residencia de Mayores "Santa Bárbara" y, pese a mi amplia experiencia laboral, éste sin duda era un nuevo reto[2], mi carrera como psicóloga me había permitido conocer a muchas personas en circunstancias muy diversas, pero nunca antes había trabajado con ancianos, de modo que crucé el umbral[3] de la residencia como si comenzara de cero, dispuesta a trabajar y aprender.

De todas las personas que allí vivían una especialmente despertó en mi una tremenda curiosidad, se llamaba Olga Koklova y en la residencia todo el mundo la llamaba D.ª[4] Olga. De aspecto frágil, menuda[5], con el pelo completamente blanco y siempre recogido en un moño[6]. Tenía unos ojos inmensamente grandes y azules que trasmitían una vida intensa vivida con pasión. Por aquel entonces D.ª Olga tenía 95 años, y un terrible carácter.

Mi primer objetivo al llegar a la residencia fue conocer a todas las personas de las que me debería ocupar; me presenté a todos intentando causar una buena impresión. Cuando llegué hasta donde se encontraba D.ª Olga le dije de forma amable:

- Buenos días, me llamo Rocío y soy la nueva psicóloga del centro.

Ella ni se inmutó[7], ni tan siquiera me miró. Mi primera reacción fue pensar que quizá era sorda por lo que volví a repetir pero en un tono mucho más elevado:

- Buenos días, me llamo Rocío y soy la nueva psicóloga del centro.

A lo que ella me contestó con gesto serio tras un largo silencio:

1. **Responde a las siguientes preguntas con NADA o NADIE según corresponda.**

   ¿Quién ha llegado tarde? _____

   ¿Qué has comido? _____

   ¿Quién trabaja allí? _____

   ¿A quién has visto en el museo? _____

   ¿Qué hacéis? _____

   ¿Qué ocurrió en aquel accidente? _____

   ¿Qué has perdido? _____

2. **Del siguiente conjunto de palabras que se refieren al mundo de la pintura al que perteneció Picasso, hay algunas "intrusas", descubre cuales son.**

Boceto	Acuarelas	Versos	Pinacoteca
Sketch	Watercolour	Verse	Art gallery

Pinceles	Escultura	Bodegón	Pluma
Paintbrushes	Sculpture	Still life	Quill

Lienzo	Fábula	Oleo	Grabado
Canvas	Story	Oil paint	Engraving / Print

---

1. **hormigueo:** *sensación parecida a cosquillas, nerviosismo.*
2. **reto:** *desafío ante lo desconocido.*
3. **umbral:** *escalón junto a la puerta de entrada de una casa, edificio.*
4. **D.ª:** *abreviación de "Doña".*
5. **menuda:** *pequeña y delgada.*
6. **moño:** *recogido de cabello.*
7. **inmutarse:** *cambiar de actitud.*

- ¿Y qué?

Como veis no fue precisamente un buen comienzo, no quise insistir hasta saber algo más de D.ª Olga.

Fue curioso porque, cuando no había pasado ni una semana desde mi llegada, me llevé una gran sorpresa. Yo estaba inmersa[1] en montañas de expedientes intentando organizarme y ponerme al día.

Entonces apareció por mi consulta D.ª Olga, con voz firme me dijo:

- ¿Es usted una buena psicóloga?
- Perdone, ¿Qué me ha preguntado?
- Digo que si es usted buena en su trabajo.
- Bueno, intento hacerlo lo mejor posible.
- Ya, pero no me ha contestado.
- D.ª Olga, tengo una larga experiencia profesional, me gusta mi trabajo e intento hacerlo lo mejor posible. Si soy buena o no lo tendrán que juzgar los demás.
- Bueno, me conformo[2] con esa respuesta. No sé si le han hablado de mí, o si sabe quién soy.
- A decir verdad, me va a tener que disculpar pero no se nada de ninguno de ustedes, estaba intentando leer los expedientes para ponerme al día. Pero dígame qué le ocurre.
- Bueno es una larga historia que voy a intentar resumir, Yo me llamo Olga Klokova, bueno eso ya lo sabe, nací en Rusia hace muchos años ya, y fui bailarina clásica de forma profesional. Fue en mis largos viajes por todo el mundo cuando conocí a Pablo, bueno para el resto del mundo Picasso. Y esta circunstancia marcó el resto de mi vida. Tuve una vida intensa, plena, formé una familia, pude conocer a grandes personalidades, viajar por el mundo entero, y amar a un genio. Sin embargo ahora siento que mi vida ha llegado a su fin, no tengo ganas de hacer nada y lo que es peor no tengo nada que hacer.

3. Rocío, psicóloga de la Residencia de Mayores "Santa Bárbara", acaba de llegar al centro. Imagina el tipo de población que vive en una residencia de mayores y descríbela a continuación.

_____
_____
_____
_____
_____
_____
_____

4. Coloca el verbo SER o ESTAR en su forma correcta.

a) Esta tarde **está** a veinte grados.

b) **Son** las cinco de la mañana.

c) **Es** mediodía.

d) El próximo mes **es** mi cumpleaños.

e) Mañana **es** a 23 de junio.

f) Antes de ayer **fue** lunes.

g) Esta noche la temperatura **está** de más de 15°.

h) Navidades _____ hace cinco meses.

i) Hace ... años que _____ en el siglo XXI.

j) Pasado mañana _____ a 1 de enero.

k) Cuando _____ enero _____ juntos.

---

1. **inmersa:** *sumergida.*
2. **conformarse:** *aceptar o dar por bueno algo.*

- ¡Caramba[1] Olga, no puedo negar que me ha sorprendido! desconocía que usted hubiera estado casada con Picasso. Pero respecto a que no tiene nada qué hacer no estoy de acuerdo, estoy convencida de que juntas podemos encontrar actividades que le llenen ese vacío que ahora siente. Cuénteme lo que quiera de su vida, tanto de sus gustos, aficiones[2], o lo que valore como importante para que yo la pueda ayudar.

Olga comenzó a abrirse poco a poco, el hielo inicial se estaba rompiendo y yo empecé a descubrir a una mujer sorprendente; nuestra conversación siguió así:

- Bueno, pues como le conté antes, en 1917 yo estaba realizando una gira por toda Europa como bailarina de una compañía de Ballet Clásico. Nos encontrábamos en Roma cuando me presentaron a Picasso, él por entonces estaba realizando un decorado para un ballet. El flechazo[3] fue inmediato y Pablo, que seguía siempre los dictados de su corazón, decidió seguirme durante el resto de mi gira.

Aunque a decir verdad aquel viaje no duró demasiado, los dos nos habíamos enamorado perdidamente y Pablo me hablaba siempre de sus sueños de triunfo en París; así una noche en Barcelona tomé la decisión que cambiaría gran parte de mi vida, nunca me arrepentí, yo decidí dejar la compañía y marcharme a Francia con Picasso. Era joven, estaba llena de entusiasmo, los dos queríamos conquistar el mundo, estaba fascinada[4].

Al año siguiente ya estábamos casados, como ves todo fue rapidísimo. Hasta el nacimiento de nuestro hijo Paul viajamos por buena parte de Europa, fue maravilloso; ahora a los jóvenes todo os parece normal, pero hubo un tiempo en el que no era nada fácil para alguien proveniente de una familia de clase media[5] viajar por el mundo; si además tenemos en cuenta que no existía la televisión,

5. **Relaciona las siguientes palabras de una columna con las de la otra, eligiendo primero el artículo indeterminado que corresponda.**

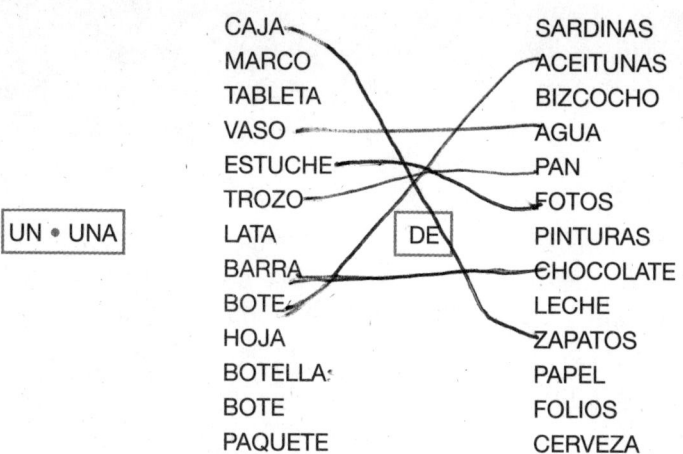

6. **Indica si las siguientes afirmaciones son verdaderas o falsas.**

		V	F
a)	Olga es una mujer de aspecto frágil y carácter dulce.	❑	❑
b)	Olga tenía problemas de audición, era sorda.	❑	❑
c)	Olga fue una importante bailarina rusa.	❑	❑
d)	Olga ha perdido las ganas de vivir y acude a hablar con Rocío, con la intención de que ésta le ayude.	❑	❑
e)	Estando en Roma, ciudad donde se conocieron Olga y Picasso, decidieron regresar a Paris y vivir juntos.	❑	❑
f)	Tras un año de relación se casaron.	❑	❑
g)	Cuando se casaron eran ya dos personas de mediana edad.	❑	❑

---

1. **¡Caramba!:** *interjección de sorpresa.*
2. **aficiones:** *actividades que se realizan para pasar el tiempo.*
3. **flechazo:** *amor repentino.*
4. **fascinada:** *encantada, subyugada.*
5. **clase media:** *clase social que, sin ser pobre, no es muy adinerada.*

Internet, los teléfonos móviles etc., sólo nos quedaba el recurso de conocer a través de libros y sus fotografías las grandes obras de arte, o las costumbres de otros pueblos. Pero si tengo que destacar algo de estos años, fue la oportunidad que él me brindó[1] de conocer a artistas maravillosos como Gabriel Miró, una persona encantadora con quien establecí una amistad larga y duradera, puede conocer también a Luis Miguel Dominguín una gran figura del toreo y al poeta Rafael Alberti, así como a otros muchos protagonistas del siglo XX. Yo siempre fui consciente de la suerte que tenía, Picasso ya era un artista respetado y valorado y nuestra vida era muy cómoda económicamente.

Pero, claro está, no todo era de color de rosa, Pablo era muy mujeriego[2], cuando le conocí ya había tenido una relación muy importante con la modelo Fernande Olivier, ella fue su compañera durante unos siete años, Picasso se habría casado con ella, pero ella nunca aceptó.

Incluso el padre de Picasso, don José, no podía creer que Fernande pudiera ser tan testaruda[3] y por ello aconsejó a su hijo que fuera más persistente, lo que ninguno imaginaba era que Fernande ya estaba casada. La relación terminó entonces, y de esta historia quedó un libro que escribiría Fernande sobre Picasso.

Luego llegué yo a su vida, y ésta cambió de forma radical, Picasso no era ya el artista bohemio[4], pobre, que lucha por hacerse un hueco y crearse una posición en el mundo artístico. Nos compramos una casa nueva, teníamos chofer[5], criados, y empezamos a frecuentar otros círculos sociales. Son años en los que la popularidad de Picasso crece como la espuma, llegando a desbordarle en algunos momentos. Muchas personas me acusaron de no haber sabido apoyarle.

Yo no podía intuir que también para mi historia con el genio habría un final, por lo demás un final bastante

7. Pon en plural las siguientes frases que aparecen en el texto.

a) Así una noche en Barcelona tomé la decisión que cambiaría gran parte de mi vida.
_____
_____

b) Yo siempre fui consciente de la suerte que tenía.
_____
_____

8. Busca en la siguiente sopa de letras ocho profesiones que han aparecido en el texto.

P	K	O	L	E	A	T	E	M	R	E	W	A	E
S	O	H	O	T	B	O	U	C	R	I	A	D	O
I	S	E	U	S	E	R	R	S	E	Q	J	E	S
C	I	M	T	M	Q	E	T	A	A	T	I	P	I
O	S	Z	B	B	C	R	U	O	J	B	O	I	X
L	A	J	L	A	M	O	D	E	L	O	S	N	B
O	J	E	I	Q	U	S	I	I	U	S	A	T	J
G	T	L	L	T	E	O	T	J	U	N	S	O	U
A	O	P	O	E	T	A	E	A	E	S	A	R	P
B	I	B	L	I	L	O	I	S	W	V	O	P	I
M	H	O	H	M	O	A	N	C	H	O	F	E	R
Q	B	A	I	L	A	R	I	N	A	S	I	O	P
M	E	Q	T	E	C	T	Z	C	M	T	U	Z	U

(Clave pág. 62)

---

1. **brindar:** *prestar u ofrecer algo.*
2. **mujeriego:** *hombre muy aficionado a las mujeres.*
3. **testaruda:** *obstinada, terca.*
4. **bohemio:** *persona de costumbres libres y vida desordenada.*
5. **chofer:** *conductor de automóvil.*

predecible[1], fui abandonada cuando apareció una joven de 17 años, Marie-Therese Walter con la que también tuvo un hijo y a la que pronto dejaría, su relación fue muy breve. Tras ella llegaron Dora Maar, fotógrafa yugoslava, con la que pasaría los años de guerra, Francoise Gilot y finalmente Jacqueline Roque, que le acompañó hasta su muerte. Sólo te he nombrado a las mujeres más importantes, porque en realidad mantuvo relación con decenas de mujeres.

Mucha gente me ha preguntado qué tenía ese hombre que nos atraía como un imán[2]. Y ni hoy en día, pasados tantos años, podría contestar con seguridad. Era un genio, y como tal estaba lleno de defectos y virtudes.

El final de las mujeres que pasaron por su vida ha sido muy trágico, dos de ellas acabaron suicidándose y yo misma estuve al borde de la locura. Ahora me avergüenzo de algunas de las cosas que llegué a hacer.

- ¿A que se refiere? - le pregunté - Habla con tanto amor de él…

- Yo estaba perdidamente enamorada de Picasso, cuando descubrí que mantenía una relación con una joven de 17 años, pero pensé que acabaría aburriéndose de ella. No fue así y me dejó cuando Marie-Therese estaba a punto de darle una hija.

Así que, presa de mis celos[3], me dediqué a hacerle la vida imposible, presentándome en las exposiciones o cualquier otro lugar donde sabía que podía encontrarle para insultarle y avergonzarle[4]. Realmente mis celos llegaron a ser enfermizos. Le hice daño, con las armas que estaban en mi mano. Fue una separación muy traumática, y sé que Picasso también paso por un periodo de depresión. Probablemente los peores años de su vida y la mía. Yo ahora, con el paso de los años, no me reconozco y me avergüenzo de mi comportamiento.

9. Completa las siguientes frases con la preposición adecuada.

a) Monta _____ caballo _____ que tenía 10 años.

b) _____ verano, ya habré conseguido mi objetivo.

c) Tengo que comprar tan sólo uno _____ todos.

d) No me he fijado _____ la hora. Serán las tres.

e) Esto nos pasa _____ enfadarnos.

f) _____ el bien y el mal, debes elegir correctamente.

10. Completa las siguientes frases si es necesario con los artículos determinados EL, LA, LOS, LAS.

a) ¿Dónde están _____ residentes?

b) A D.ª Olga le encanta cocinar _____ paellas. _____ paellas son típicas de Valencia.

c) _____ español es uno de los idiomas más hablados del mundo.

d) ¿Puedes pasarme _____ sal? Lo siento Olga no queda _____ sal.

e) Las asignaturas favoritas de Rocío son _____ matemáticas y _____ biología. Su hermana estudia _____ biología en la Universidad Complutense.

f) En Galicia _____ marisco es estupendo.

g) ¿Vienes a probarte _____ ropa que te he comprado?

---

1. **predecible:** *anunciado con anterioridad.*
2. **imán:** *mineral que tiene la propiedad de atraer, acercar algo.*
3. **presa de mis celos:** *apoderada o dominada por los celos.*
4. **avergonzar:** *causar vergüenza, humillar, deshonrar.*

Pese a todo lo que te estoy contando, no fui yo la peor pesadilla de Picasso. Francoise Gilot y el libro que escribió en 1964 "Vida con Picasso" sí le hizo daño realmente. En el libro se describe a un Picasso sádico[1], un pintor que plagiaba[2] a Francoise que también pintaba, y a un hombre que la traicionaba constantemente. Es un libro escrito desde el rencor[3] y la rabia. Además consiguió provocar el distanciamiento con sus hijos Paloma y Claude, fruto de la relación que mantuvo con Francoise.

Creo que Picasso se convertía en un romántico insaciable cuando se enamoraba de una mujer, pero tal era su necesidad de seducir que, incluso cuando más enamorado estaba, no podía limitarse sólo a una mujer, sino que seguía buscando el reconocimiento en brazos de otras.

- Olga y ¿no cree que en el fondo ese comportamiento lo que descubre es una gran inseguridad en sí mismo?

- Creo que tenía miedo a atarse demasiado a una sola mujer. Por eso tuvo épocas que, pese al bienestar que encontraba en su pareja, se comportaba de forma cruel. Y creo también que tienes razón y muy probablemente estemos hablando de un hombre tremendamente inseguro.

- Olga creo que por hoy es suficiente, que le parece si lo dejamos. La espero dentro de una semana.

Durante esa semana, veía a Olga con un pequeño cuaderno escribiendo sin cesar en uno de los salones de estar de la residencia. Así que cuando llegó el día de nuestra cita y Olga acudió a la consulta, le pregunté qué era lo que la había mantenido tan entretenida durante toda la semana. Olga me dijo que no quería olvidarse de nada, por lo que todo lo que quería contar lo iba anotando. Esto me dio una idea, que inmediatamente le comuniqué a Olga.

- Tengo algo que proponerte. - le dije a Olga pasando a tutearla[4] de forma espontánea - He pensado que como este

11. Responde a las siguientes preguntas sobre el texto.

a) ¿Cómo se encontraba Rocío ante el reto de su nuevo trabajo? Explícalo con tus propias palabras.

_____
_____
_____

b) ¿Qué destaca D.ª Olga de su vida junto a Picasso?

_____
_____
_____

c) ¿Qué cambios provocó la relación de D.ª Olga con Picasso en la vida del pintor?

_____
_____
_____

12. Completa las frases con MUY o MUCHO según corresponda.

a) Voy a escribir un libro _____ divertido, creo que os vais a divertir _____ .

b) Trabaja _____ lejos de su casa, camina _____ todos los días.

c) El examen es _____ difícil, tengo que estudiar _____ .

---

1. **sádico:** *con crueldad refinada.*
2. **plagiar:** *copiar obras de otros y utilizarlas como propias.*
3. **rencor:** *resentimiento, deseo de venganza.*
4. **tutear:** *forma de trato que se utiliza con personas de confianza.*

año se está celebrando el 25 aniversario de la llegada del "Guerínica" de Picasso a España, podríamos organizar una excursión[1] al museo Reina Sofía donde se encuentra expuesta la obra. Me gustaría que fueras la guía[2] del grupo, creo sinceramente que lo harías muy bien. ¿Qué me contestas?

Olga sonrió y dijo: - Es la mejor idea que he oído en mucho tiempo, aunque no sé si seré capaz de explicar el "Guernica" de una forma que pueda interesar al resto de mis compañeros.

- Estoy segura de que sí, sino no te lo habría propuesto, es más, creo que nadie podría hacerlo mejor.

Al cabo de un par de semanas, el 10 de septiembre a las once de la mañana y coincidiendo con el día en que el "Guernica" aterrizaba[3] en el aeropuerto de Madrid en 1981, nos marchábamos en autocar hacia el museo. Al frente del grupo estaba Olga que parecía una quinceañera[4], los ojos le brillaban y apenas había podido dormir.

Nada más llegar al museo nos reunió en la entrada y nos pidió que fuéramos a la cafetería, allí pidió café para todos y nos dijo:

- Antes de ver el cuadro y para que podáis entenderlo mejor he pensado que sería interesante que os recordara cual era la situación histórica en la que nos encontrábamos. Guernica es un pueblo situado en el País Vasco a unos 30 kilómetros de Bilbao, el 26 de abril de 1937 en plena Guerra Civil, la fuerza aérea alemana bombardeó a la población indefensa de esta villa vasca, fallecieron más de 7.000 civiles. Lo curioso es que no había nada que justificase ese horror, tan sólo un gran desprecio por la vida humana. Pero no creáis que este hecho no tuvo repercusión a nivel internacional, buscando estos días entre toda la documentación que tengo guardada acerca de la obra de Picasso, he encontrado un artículo que se

13. Completa con la primera persona del singular de los verbos que te proponemos.

> ser • haber • partir • temer • amar

PRESENTE	P. IMPERFECTO	FUTURO	P. ANTERIOR
_____	_____	_____	_____
_____	_____	_____	_____
_____	_____	_____	_____
_____	_____	_____	_____
_____	_____	_____	_____

14. Utiliza el verbo SER o ESTAR según corresponda.

a) Estas naranjas _____ malas.

b) El vino _____ de buena calidad.

c) Las ventanas _____ estrechas.

d) Si _____ generosos, _____ mejores personas.

e) Este zumo no _____ bueno.

f) José _____ un enfermo muy gruñón.

g) José _____ enfermo con varicela.

h) _____ muy preocupada por ti, _____ un irresponsable.

i) _____ en tu derecho de protestar.

j) La comida _____ caliente.

k) _____ muy cansado.

---

1. **excursión:** *acudir a un lugar para el recreo.*
2. **guía:** *persona que muestra o enseña algo.*
3. **aterrizar:** *descender a tierra.*
4. **quinceañera:** *adolescente, joven de quince años.*

publicó en el periódico "Times" el 27 de abril de 1937 y que dice lo siguiente:

" Ayer por la tarde, Guernica, la ciudad más antigua de las provincias vascas, fue totalmente destruida por un ataque aéreo de los rebeldes[1]. El bombardeo de la ciudad, situada lejos del frente y sin defensa aérea, duró exactamente tres cuartos de hora. Durante este tiempo una numerosa escuadra de aviones de origen alemán arrojó ininterrumpidamente bombas de hasta 500 kilos. Al mismo tiempo aviones que volaban a baja altura, ametrallaron[2] a los habitantes que salían huyendo hacia las afueras de la ciudad. En pocos momentos Guernica quedó envuelta en llamas".

Picasso por entonces era un gran defensor de la democracia y de la República que gobernaba España. Fue el gobierno republicano el que encargó a Picasso una pintura que sirviera de escaparate[3] ante el mundo de lo que se vivía en el país.

La Obra se mostró por primera vez al público en la Exposición Mundial de París de 1937. El cuadro era impactante, y Picasso pese a que la obra era patrimonio del Estado Español, expresó su firme voluntad de que el cuadro no sería expuesto en su país mientras no hubiera una democracia consolidada. Por lo que fue en el Museo de Arte Moderno de Nueva York donde permaneció hasta 1981, fecha en la que se trasladó a España cuando este país era ya un lugar que reunía las condiciones democráticas exigidas por el artista. Inicialmente la pintura se expuso en el Casón del Buen Retiro, hasta su traslado definitivo a este museo en el que nos encontramos. No sin polémicas[4], ya que en varias ocasiones se ha solicitado que el cuadro estuviera expuesto en el pueblo que dio nombre al cuadro.

Si os parece ahora vamos a subir a ver esta obra de arte, quizá la más importante del siglo XX.

15. Indica si las siguientes afirmaciones son verdaderas o falsas.

                                                                                   V F

a) El día en que el "Guernica" se trasladó a Madrid D.ª Olga y los demás residentes fueron a verlo al Museo Reina Sofía. ❏ ❏

b) 'Guernica' además del nombre de un cuadro es una localidad perteneciente al País Vasco. ❏ ❏

c) El bombardeo fue realizado por los alemanes pertenecientes al bando republicano. ❏ ❏

16. Busca en esta sopa de letras ocho adjetivos que describen a Picasso.

A	P	D	D	G	I	O	E	T	L	K	M	V	Q
V	O	E	J	C	R	E	A	T	I	V	O	A	U
I	L	L	A	E	U	E	R	U	A	N	R	A	I
T	I	O	M	F	N	N	W	T	K	K	O	O	N
A	F	N	O	P	A	S	I	O	N	A	L	N	S
L	A	G	Y	H	W	A	N	R	A	G	O	C	E
L	C	E	T	E	T	K	V	I	R	U	U	N	G
E	E	V	A	M	U	J	E	R	I	E	G	O	U
F	T	O	J	T	N	K	R	L	F	A	C	K	R
U	I	F	M	N	H	H	S	E	A	A	I	G	O
E	C	I	S	I	I	U	A	F	T	G	O	A	I
R	O	R	E	H	J	S	T	A	A	O	A	O	A
U	U	I	P	U	U	E	I	E	I	A	C	U	W
F	A	F	M	C	E	T	L	W	E	O	U	I	G

(Clave pág. 62)

---

1. **rebelde:** *sublevado, insurrecto.*
2. **ametrallar:** *disparar un arma contra alguien.*
3. **escaparate:** *fachada de una tienda donde se expone la mercancía.*
4. **polémica:** *controversia, discusión sobre una materia.*

Todo el grupo nos levantamos y nos dirigimos hacia el ascensor que nos llevaría a la sala donde se encuentra expuesto el "Guernica". Una vez allí, Olga se situó frente al cuadro, se la veía segura de sí misma y confiada, nos pidió a todos que nos acercáramos y comenzó a hablarnos:

- El "Guernica" se ha convertido en mucho más que una pintura, es considerado un símbolo histórico del terror de la guerra. De hecho este gigantesco cuadro produce una impresión monumental al que lo ve por primera vez. Representa la barbarie[1] de la guerra y ésta no conoce patrias[2], ni fronteras ni épocas, por lo que podría llamarse Hiroshima, Sarajevo, etc en lugar de Guernica.

Pese al gran tamaño de la obra, Picasso la pintó en tan sólo cinco semanas. Sí, habéis escuchado bien, sólo cinco semanas le bastaron al genio para terminar tan monumental obra.

Como podemos observar, la alargada composición horizontal combina siete figuras, todas ellas en tonos exclusivamente negros, grises y blancos. Todas las figuras aparecen rotas y retorcidas y nos da así una gran sensación de violencia.

En el centro hay un caballo herido con un gran gesto de dolor que representa el sufrimiento del pueblo. La figura del toro representa el pueblo triunfante pero, pese a ello, todas las figuras son víctimas. Ahora me gustaría que os fijarais con especial interés en la figura de una madre que sostiene a su hijo muerto, no voy a deciros nada sobre esta escalofriante[3] imagen, prefiero dejaros a vosotros que reflexionéis sobre lo visto.

Que os parece si ahora dedicamos media hora a pasear tranquilamente por la sala y observar todos los bocetos[4] que hay del "Guernica". Después si os parece bien será la hora ya de regresar.

De esta manera dio por concluida su exposición.

17. Completa las frases con ALGO o ALGUIEN.

a) Ahí trabaja _____ que conozco.

b) Hay _____ en tu mirada que no me gusta.

c) Ha llamado _____ a la puerta.

d) Quieres _____ de comer.

e) ¿Preguntó _____ por mí ayer?

f) Han oído _____ esta noche.

g) _____ me ha hecho enfermar y no se qué es.

18. Indica el superlativo de las siguientes palabras.

a) Guapo _____

b) Amable _____

c) Pronto _____

d) Fiel _____

e) Rico _____

f) Grande _____

g) Largo _____

h) Cerca _____

i) Fuerte _____

---

1. **barbarie:** *fiereza o crueldad.*
2. **patria:** *país donde se nace.*
3. **escalofriante:** *sobrecogedora.*
4. **bocetos:** *dibujo no definitivo de algo.*

En el viaje de vuelta a la residencia todo el mundo iba en silencio, estaban pensativos e impactados ante lo visto. Muchos de ellos no habían visto el cuadro más que en fotografía.

Cuando llegaron a la residencia, Rocío felicitó a Doña Olga, y le propuso lo siguiente: - ¿Qué te parecería si siguiéramos acercando la obra de Picasso a todos los residentes?, es más y si lo ampliáramos también a los familiares que quieran acercarse a la residencia. He pensado que podríamos organizar conferencias mensuales sobre los distintos periodos de la pintura de Picasso.

Olga de nuevo sonrió y se mostró encantada, parecía que había encontrado la ilusión que le faltaba para continuar viviendo, ahora tenía algo qué hacer y además lo hacía con entusiasmo, y francamente estaba segura de no hacerlo nada mal.

A la mañana siguiente a las nueve en punto se encontraba en el despacho de Rocío, junto con un montón de apuntes, recortes de prensa y una decena de libros. No había dormido más de tres o cuatro horas. En definitiva se encontraba feliz.

- Buenos días Rocío. He estado recopilando[1] toda la documentación de la que disponía en la residencia, que te parece si comenzamos a organizar y preparar las conferencias.

- Estupendo Olga, si te parece bien yo me encargaré de publicitar[2] e informar a familiares y residentes sobre las conferencias y prepararé el salón de actos. Pero dejo a tu criterio el contenido de las conferencias. Así que ponte manos a la obra[3] que tienes mucho trabajo.

- Bien, he pensado hablar sobre las etapas más importantes de su obra. ¿Qué te parece si las sesiones tienen una duración aproximada de una hora? No quisiera aburrir o parecer pesada.

19. Completa las siguientes frases con el verbo en forma impertativa tanto positivo como negativo según corresponda.

a) _____ (pensar) en salir a la calle hoy mientras esté lloviendo.

b) _____ (hacer) todos los deberes si queréis comer los dulces.

c) _____ (oír) esta canción, es lo mejor que he escuchado en mucho tiempo.

d) _____ (pedir) otra, ya os digo que se ha terminado.

e) _____ (pensar) que si llega tarde le traerá consecuencias.

f) _____ (servir) el café con todo el cuidado del mundo, no quiero que se manche nada.

g) _____ (ser) tan egoístas y donemos todo lo que no necesitamos.

h) _____ (reír) todos, que ha sido un buen chiste.

i) _____ (ir) al bosque que ya está anocheciendo.

20. Clasifica las siguientes obras pintadas por Picasso en los tres periodos de su pinturas que te proponemos.

CUBISMO	PERIODO AZUL	PERIODO ROSA
(PÁGINA 24)	(PÁGINA 38)	(PÁGINA 40)
_____	_____	_____
_____	_____	_____
_____	_____	_____

"Madre e hijo" • "Guitarra" • "Acróbata y joven equilibrista"
"La vida" • "La familia de saltimbanquis" • "Mujer con peras"
" Mendigos junto al mar" • "La muerte de Casagemas"
"Las señoritas de Aviñón"

---

1. **recopilar:** *recoger o juntar.*
2. **publicitar:** *dar a conocer una noticia.*
3. **ponerse manos a la obra:** *comenzar a realizar algo.*

- Me parece bien.

- Por cierto Rocío, necesitaría utilizar tu ordenador de vez en cuando, bueno o casi todos los días y he oído hablar de Internet, quizá podrías enseñarme a utilizarlo...

- ¡Pues claro! Eso esta hecho, verás como te gustará.

Fueron pasando los días, Olga dedicaba muchas horas del día a preparar las conferencias. Tanto fue su esfuerzo, trabajo y dedicación que tenía material más que suficiente para publicar varios libros sobre Picasso y su obra si hubiese querido.

Para la primera conferencia se había generado una expectación enorme. El salón de actos tenía capacidad para unas cien personas y por lo menos había ciento cincuenta por lo que muchos de los familiares se habían tenido que quedar de pié.

Olga estaba muy nerviosa, pero cuando llegaron las cinco de la tarde del viernes 6 de octubre, todo estaba preparado para comenzar y Olga con paso firme se dirigió hacia el micrófono y comenzó:

"Buenas tardes a todos y muchas gracias por venir, a decir verdad no esperaba tanta gente, y esto me pone algo nerviosa. Creo que lo mejor es empezar, como ya saben todos ustedes hoy nos hemos reunido aquí para hablar del que probablemente es el artista más célebre del siglo XX, además de un hombre versátil[1] y prolífico[2]. Su enorme producción de más de veinte mil obras, ofrece una amplia variedad de estilos. Como curiosidad puedo contaros, que en sus primeros tiempos llegó a pintar hasta tres cuadros diarios. Y no olvidemos que el "Guernica", su obra más famosa con una longitud de casi ocho metros, fue realizada en tan sólo cinco semanas de trabajo.

Estos datos nos pueden ayudar a hacernos una idea de su capacidad de trabajo así como de su gran dedicación.

Cuando preguntaban a Picasso sobre los diversos estilos

21. Responde a las siguientes preguntas sobre el texto.

a) ¿Cuántas conferencias ha dado D.ª Olga? ¿De qué han tratado cada una de ellas?.

_____
_____
_____

b) ¿Con cuántas mujeres tuvo hijos Picasso? ¿Cuántos hijos tuvo?

_____
_____

c) ¿Cuál es la obra más importante de Picasso? ¿Cuál es tu preferida? ¿Por qué?

_____
_____
_____

d) ¿Cómo definirías a Picasso como artista?

_____
_____
_____

22. Escribe las ordenes que darían las siguientes personas usando el imperativo.

a) Un Jefe a su empleado : No olvidar los documentos.

_____

b) Una doctora a un paciente: Tomar el jarabe todos los días.

_____

c) Una abuela a su nieto: Sacar la basura a la calle.

_____

---

1. **versátil:** *adaptable a diversos usos o costumbres.*
2. **prolífico:** *con gran capacidad de crear.*

adoptados en su arte, él decía que no debían considerarse como una evolución sino que cuando tenía algo que expresar lo hacía sin pensar en estilos pasados o futuros. Vamos por supuesto a respetar su opinión y a hablar de algunos de estos estilos.

Si me pidieran que destacara la mayor contribución al arte de Picasso, yo quizás destacaría la creación junto a Georges Braque del cubismo.

Según Picasso, él pintaba los objetos tal y como los pensaba y no como los veía. Utilizando diversos puntos de vista dentro de la misma obra, se pueden mostrar simultáneamente[1] varios aspectos del mismo objeto. De repente los artistas podían ser libres para recomponer la realidad a su elección.

Picasso y Braque escandalizaron[2] al mundo del arte convencional[3] de esta época y no todo el mundo supo entenderlos. Picasso en una ocasión dijo:

"El cubismo no se diferencia de otras escuelas pictóricas. Todas tienen en común los mismos elementos. El hecho de que el cubismo no fuese entendido durante mucho tiempo y de que todavía haya personas que no vean nada en él, no significa nada. Yo no sé leer inglés, y para mí, un libro en inglés está hecho de hojas en blanco. Pero esto no significa que no exista el inglés, y ¿por qué iba a echar la culpa a otro y no a mí mismo, si no puedo entender algo de lo que no tengo ni idea?"

Un murmullo[4] general en la sala parecía dar la razón al genio:

- Me gustaría que ahora viésemos algunas diapositivas de sus cuadros más representativos - prosiguió Olga - como "Panes y frutero con frutas encima de una mesa", "Mujer con peras", "Guitarra" y por último me gustaría que nos detuviéramos en "Las señoritas de Aviñón" considerado el primer cuadro cubista antes de la invención del cubismo.

23. Indica el posesivo que corresponde en cada frase.

a) ¿De quién es ese libro? Es de Rocío. Es _____ .

b) ¿De quién son esos caballos? Son de mis sobrinas. Son _____ .

c) Vivo en mi casa. La casa es _____ .

d) Entre tú y yo tenemos cientos de mecheros. Todos son _____ .

e) ¿De quién es este despacho? Es del director. Es _____ .

f) Tienes un reloj muy bonito. El reloj es _____ .

g) Tengo muchos trofeos. Todos son _____ .

24. Completa las frases con el verbo que te indicamos pero conjugado correctamente.

a) Yo conocí a mi marido cuando _____ (estudiar) en la Universidad Complutense.

b) Paloma y su marido _____ (ir) a Tailandia de viaje de novios.

c) Cuando _____ (estar) en Granada me _____ (fascinar) la Alhambra.

d) _____ (tener) ganas de verte, pero no _____ (llegar) hasta el próximo lunes.

---

1. **simultáneamente:** *a la vez.*
2. **escandalizar:** *causar asombro, pasmo.*
3. **convencional:** *tradicional o conservador.*
4. **murmullo:** *ruido producido al hablar en voz baja.*

"Las señoritas de Aviñón" fue pintado en 1907 y nos muestra una inquietante[1] imagen que marca un punto de inflexión[2] en el arte del siglo XX, ya que Picasso de nuevo se distancia de la tradición. En el cuadro aparecen cinco desnudos femeninos pintados inicialmente en el estilo ibérico[3], pero después de la fascinación que sintió por el arte africano, vemos como las figuras del lado derecho tienen rostros espantosos parecidos a máscaras; esto crea una desarmonía[4] con las figuras del lado izquierdo. También me gustaría que os fijarais en la figura que aparece agachada, ésta también está distorsionada y se muestra desde dos puntos de vista simultáneamente, de espaldas y de frente. Con esto lo que consigue Picasso es que no haya un único punto de vista.

Como podéis ver podría estar hablando de la obra de Picasso horas y horas, pero como quiero que el próximo mes volváis a compartir conmigo una tarde tan estupenda como la de hoy, creo que será mejor finalizar esta conferencia. Dejadme que os de las gracias por vuestra atención y hasta la próxima."

El salón de actos rompió en un largo aplauso, y fue entonces cuando Olga observó que en la primera fila se encontraba su hijo Paul, y se puso a llorar de emoción. Había estado tan enfrascada en la exposición de su conferencia que no se había dado cuenta de su presencia. Se fundieron en un largo abrazo y Paul le susurró[5] al oído lo orgulloso que se sentía de ella. Juntos se marcharon al jardín y pasaron la tarde juntos, tenían mucho de que hablar, ya que hacía más de tres meses que no se veían. Mientras conversaban todo el mundo quería acercarse a ellos para poder saludar a Olga.

Al día siguiente busqué a Olga, quería que me contase como se había sentido. Así que después de desayunar, fuí a su encuentro y juntas acudimos a mi despacho.

25. En el siguiente crucigrama aparecen cinco estilos pictóricos. A continuación te indicamos célebres pintores que pertenecen a cada uno de los estilos para que puedas identificarlos.

HORIZONTALES
1) Manet, Degas y Renoir
2) Kandinsky y Munch
3) Picasso y Braque

VERTICALES
1) Dalí y Giorgio de Chirico
2) Warhol

(Clave pág. 62)

---

1. **inquietante:** *sorprendente o perturbador.*
2. **punto de inflexión:** *punto y aparte de lo ocurrido hasta ese momento.*
3. **estilo ibérico:** *estilo pictórico originario de España.*
4. **desarmonía:** *falta de proporción entre las partes de un todo.*
5. **susurrar:** *hablar quedo.*

- Olga me gustaría que me contases qué te ha parecido la experiencia de ayer.

- Rocío, estoy tan contenta, que me resulta muy difícil explicarlo. Es una mezcla de sensaciones, por un lado el reto de hablar delante de tanta gente, el orgullo de ver lo que soy capaz de transmitir y finalmente la alegría inmensa de ver a mi hijo, allí en primera fila.

- ¿No esperabas que estuviera allí?

- Si te he de ser sincera, no pensé que estaría aquí conmigo. Sí, le comenté por teléfono que estaba preparando unas sesiones acerca de la obra de su padre, también le había explicado nuestra salida al Museo Reina Sofía. Lo que no imaginé es que le daría importancia a estos trabajos que yo estaba realizando. Él se ha convertido en un importante hombre de negocios, pasa la mayor parte del tiempo fuera de España. Y a mi no se me hubiera ocurrido insinuarle[1] que viniese a la residencia para asistir a la conferencia. Por eso mi reacción al verle quizá te ha parecido un poco exagerada, pero en ese momento me sentí la mujer más feliz de la tierra. Es curioso Rocío, tanto como sufrí cuando Pablo me dejó, y ahora gracias en cierto modo a él recobro[2] la alegría y las ganas de vivir.

- Es curiosa la vida ¿verdad Olga? En cualquier caso las reconciliaciones siempre dejan buen sabor de boca[3], por cierto, ¿me puedes contar algo acerca de cómo fue vuestra vida familiar?

- Los primeros años, todo fue bien. Picasso y yo habíamos formado una familia viajábamos junto con nuestro hijo Paul, especialmente coincidiendo con las vacaciones de verano; estuvimos en lugares como Cannes, Montecarlo, Bretaña, etc. Aún recuerdo con especial cariño un viaje que hicimos por España en el verano de 1934, un año antes de nuestra separación. Recorrimos

26. Selecciona la opción correcta teniendo en cuenta el uso de TU o USTED.

a) Un amigo a otro: Hola Antonio, quería invitarte / invitarle a cenar en mi casa.

b) Un policía a un delincuente: Dame / Deme todo lo que tenga y firme / firma aquí.

c) Una vendedora de una tienda a un cliente: Buenas tardes señor, Me deja / dejas tu / su abrigo.

d) Un hermano a otro: ¿Qué prefieres / prefiere carne o pescado para la cena?

27. Relaciona los diversos tratamientos que aparecen en la columna de la izquierda con las distintas personalidades de la derecha.

MAJESTAD	RELIGIOSO
SEÑOR	PAPA
SEÑORITA	SACERDOTE
SANTIDAD	JEFE DE ESTADO
SEÑORIA	MUJER CASADA
PADRE	REY
SEÑORA	PRINCIPE
ALTEZA	MUJER SOLTERA
EXCELENCIA	GOBERNADOR CIVIL
HERMANO	HOMBRE QUE NO LLEVA OTRO TRATAMIENTO

---

1. **insinuar:** *sugerir, dar a entender algo diciéndolo ligeramente, sin total claridad.*
2. **recobrar:** *recuperar.*
3. **buen sabor de boca:** *final feliz o satisfactorio.*

buena parte del país acudiendo a las corridas de toros en San Sebastián, Madrid, Toledo, Barcelona, etc. Coincidió con la etapa pictórica de Picasso en que los toros fueron el eje de su temática.

Con ocasión de ese viaje me enamoré de España, y eso hizo que muchos años después, decidiera retirarme en mi vejez aquí, y no permanecer en Francia o regresar a mi país de origen. Bueno eso, y que mi hijo viva en Madrid.

Después llegó nuestra separación y por desgracia la de Picasso y su hijo, como ya te conté antes, Picasso tuvo tres hijos más con otras dos mujeres, y la relación entre todos sus hijos ha sido muy escasa, él no hizo mucho porque se conocieran y quisieran. Podríamos concluir[1] que su genialidad como pintor no se correspondía con su papel de padre. Yo hice de padre y madre a la vez.

No deja de ser curioso Rocío, porque él sí tuvo una infancia bastante feliz y tradicional, aunque no sin estrecheces[2] económicas, sin embargo no fue capaz de dar esa infancia plena y feliz a ninguno de sus hijos.

Picasso como ya sabes, nació en Málaga, deja que te cuente una anécdota[3] relacionada con su nacimiento. Resulta que en el momento de su nacimiento la comadrona[4] pensó que estaba muerto, de ahí que en seguida volviera a ocuparse de la madre. Solamente la serenidad de su tío paterno, Salvador, ayudó al pequeño, éste echó una bocanada de humo a la cara del bebé y Picasso comenzó a llorar. Ya ves, desde el primer momento de su vida le acompañó la fortuna.

Pero como te estaba contando, su infancia fue muy normal y feliz, tuvo dos hermanas Lola y Concepción, también vivió con dos primas Carmen y M.ª de la Paz, además de su abuela Inés y las tías Eladia y Eleodora. El siempre rodeado de mujeres. ¡No sé si esto tuvo algo que ver con las múltiples relaciones que mantuvo con nosotras

28. Indica si las siguientes afirmaciones son verdaderas o falsas.

                                                                   V F

a) El cubismo pretende mostrar simultáneamente distintos puntos de vista de una misma realidad. ❑ ❑

b) D.ª Olga mantenía una fría relación con su único hijo. ❑ ❑

c) D.ª Olga siente que con Picasso nunca formó una familia feliz. ❑ ❑

29. Utiliza el verbo SER o ESTAR según corresponda.

a) D.ª Olga _____ la mujer de Picasso.

b) Las fotos de toda su vida _____ en el armario de su habitación.

c) El señor de mediana edad _____ el hijo de D.ª Olga. _____ apoyado en la columna del salón.

d) La Residencia _____ en Madrid.

e) La casa de la foto _____ la que alquilaba D.ª Olga los meses de verano en la playa.

---

1. **concluir:** *deducir.*
2. **estrechez:** *escasez notable o importante de algo.*
3. **anécdota:** *suceso notable, destacable.*
4. **comadrona:** *mujer que asiste en el parto.*

posteriormente, parece que esa niñez rodeado de féminas[1] fue todo un presagio.

Con el paso de los años, la verdad es que la relación familiar se fue enfriando coincidiendo con su marcha a París donde vivió con la libertad y la despreocupación que su carácter exigía.

Allí encontró el ambiente que necesitaba para sus experimentos artísticos. Este comportamiento bohemio era difícil de entender para sus padres ya que en España se estaba viviendo en aquel tiempo una realidad bien distinta. El padre de Pablo era un artista pero aspiraba a ver a su hijo convertido en un pintor academico al uso, como él mismo había hecho y no en uno de esos excéntricos[2] pobretones de Paris.

Pese a este distanciamiento Picasso mantuvo siempre contacto con sus padres hasta el fallecimiento de éstos. Por eso me extraña la relación tan escasa que mantuvo con sus hijos. Hubo momentos en que parecía más una relación de amistad que paterno filial. Aunque a decir verdad, no es que con sus amistades su comportamiento fuera exquisito[3]. Eso sí el espectro[4] de sus amigos era muy amplio, desde artistas consagrados, principiantes, gentes de los bajos fondos, o pertenecientes al mundo de la farándula[5], para él no había distinciones.

Picasso, en cuanto llegó a París, entró a formar parte de un círculo de artistas y escritores de vanguardia, con los que estableció una fuerte amistad. Aunque sus relaciones eran complejas y a menudo desembocaban en rupturas dramáticas.

Hubo una excepción y fue Jaime Sabartés, amigo de la infancia y posteriormente su secretario, que siguió unido a él hasta que Sabartés falleció.

Jaime Sabartés era escritor y primo del pintor Joan Miró, conoció a Picasso en 1899, durante unos treinta años

30. Imagina que tienes que escribir una carta, para conseguir que D.ª Olga done una de las pinturas que ella posee de Picasso para recaudar fondos y poder continuar con un proyecto humanitario en el que participas. ¿Cómo lo harías?

_____
_____
_____
_____
_____
_____
_____
_____
_____
_____
_____
_____

31. Busca un sinónimo y un antónimo para cada una de las siguientes palabras que aparecen en el texto.

a) Amable → _____   _____

b) Pobre → _____   _____

c) Muerto → _____   _____

d) Nerviosa → _____   _____

e) Pena → _____   _____

---

1. **fémina:** *mujer.*
2. **excéntrico:** *raro o extravagante.*
3. **exquisito:** *delicioso, selecto.*
4. **espectro:** *grupo, amplio abanico.*
5. **farándula:** *cómicos, cantantes, etc.*

mantuvieron su amistad a través de cartas ya que Sabartés se trasladó a Sudamérica. En 1935 regresó a Europa y coincidiendo con mi separación, se convirtió en su secretario hasta que falleció en 1968. De todos estos años de amistad quedaron unos cuatros libros que Sabartés escribió sobre su amigo y su obra. Pero salvo con Sabartés, no se le conoce otra amistad tan duradera.

Otra amistad que fue consolidando con los años, fue la del torero Luís Miguel Domínguín, y es que muchas veces comentó Picasso que le habría gustado ser matador de toros, el toreo para él era una arte en el que se combina la fuerza, la pasión y la belleza estética, por eso asistía continuamente a los ruedos. Fue así como conoció al maestro Domínguín . Fue una bonita amistad y el torero puso como nombre Paola a una de sus hijas en honor al pintor, y éste la apadrinó[1].

- ¡Que interesante Olga!, realmente podría estar escuchándote todo el día. A propósito, después del éxito de esta conferencia ya puedes ir preparando la siguiente ¿no te parece?

- ¡Pues claro! - afirmó Olga con entusiasmo - Si te parece bien esta vez versará[2] sobre sus periodos azul y rosa. Me pondré manos a la obra y el viernes tres de noviembre por la tarde ya puedes ir reservándome el salón de actos.

- ¿Te estas escuchando? Has cambiado Olga, estoy muy contenta con tu nueva actitud y con la ilusión con la que te enfrentas a todo lo que desde la residencia te proponemos. No sabes cuanto te agradezco el esfuerzo que estás haciendo.

- No Rocío, yo soy la que está agradecida. Hace unos meses te pregunté si eras buena en tu trabajo y tú me contestaste que eran los demás los que te tenían que juzgar. Bueno yo puedo dar fe[3] de tu profesionalidad, para mi has sido un ángel.

32. Responde a las siguientes preguntas sobre el texto.

a) ¿Cuál es el motivo por el que D.ª Olga reside en España?

_____
_____

b) ¿Cuál fue la reacción de D.ª Olga al ver a su hijo? ¿Por qué?

_____
_____

c) ¿Cómo definirías el cubismo?

_____
_____

33. Ordena las siguientes palabras para formar frases con sentido.

a) gracias / Buenas / venir / a / tardes / mi l/ por / todos

_____

b) Picasso / romántico / que / insaciable / Creo / se / un / en / convertía / cuando / mujer / se / enamoraba / de / una

_____

c) infancia / normal / Su / feliz / muy / fue / y

_____

d) Málaga / Como / Picasso / ya / de / sabréis / nació / muchos / vosotros / en

_____

---

1. apadrinar: *actuar como padrino de Bantismo.*
2. versar: *tratar de un tema.*
3. dar fe: *ser testigo, confirmar algo.*

- Bueno, bueno no exageres que me vas a ruborizar[1]. Y ponte manos a la obra que tienes mucho trabajo por delante.

Olga se sentía cada día mejor, no sólo percibía la admiración y respeto del resto de residentes y de los familiares sino que su ánimo había cambiado, tenía ganas de hacer infinidad de cosas y ahora sólo le preocupaba cuanto tiempo le quedaría de vida para poder realizar todos lo proyectos que se le pasaban por la cabeza.

Para su siguiente conferencia todo estaba preparado, y lejos de mostrar desinterés, los residentes estaban cada vez más animados, gracias al boca a boca[2] todos sabían quien era Olga y nadie quería perderse la ocasión de aprender algo nuevo. Así que una hora antes de comenzar ya estaba el salón completo. Muchos de los residentes habían decidido no acudir a merendar para poder reservar un asiento.

- Buenas tardes, mil gracias por venir a todos. - comenzó Olga con tono decidido - Hoy me gustaría hablaros de otro periodo en la vida de Picasso, se trata del llamado periodo azul y rosa que coincide con los años que van del 1901 al 1906, inmediatamente anteriores al cubismo del que hablamos el mes pasado. En 1901 su amigo Carlos Casagemas se pega un tiro[3] en un café parisino al verse rechazado por una modelo llamada Germaine con la que mantuvo una relación sentimental y de la que estaba perdidamente enamorado. La muerte de su amigo al que conoció en Barcelona dio lugar a la época azul. A Picasso le pareció adecuado usar este color para expresar sus sentimientos de pena y dolor. Utilizó el azul durante más de cuatro años, y fue así como un grupo de sus obras se convierte en una unidad. A estas obras también les une una fuerte influencia española de El Greco, que se hace palpable en el alargamiento de los miembros, así como por

34. Encuentra en la siguiente sopa de letras el nombre de ocho pintores del siglo XX.

K	R	H	F	N	O	S	Z	A	U	N	C	S	I
A	E	J	L	M	R	T	D	A	L	I	Q	X	B
N	L	B	K	R	D	L	M	N	Z	C	V	E	O
D	G	W	A	R	H	O	L	Y	L	Q	G	M	C
I	R	P	S	A	R	B	K	O	C	W	D	F	C
N	L	T	M	O	D	I	G	L	I	A	N	I	I
S	H	C	I	N	P	L	D	B	Q	T	N	G	O
K	M	O	R	E	A	S	Z	E	R	V	B	G	N
Y	D	G	O	H	J	C	M	U	N	C	H	F	I
B	V	A	S	Q	R	U	P	L	I	N	J	G	S
D	T	N	C	U	O	N	M	P	E	I	B	G	Q
Y	I	R	P	B	M	A	T	I	S	S	E	L	T

(Clave pág. 62)

35. Asocia a cada pronombre interrogativo de la primera columna una frase de la segunda columna, formando preguntas con sentido.

¿Cómo   dinero quieres?

¿Cuándo   prefieres?

¿Dónde   hora es?

¿Cuánto   te llamas?

¿Adónde   venís?

¿Qué   has puesto el reloj?

¿Cuál   lo hiciste?

¿Por qué   vas tan deprisa?

---

1. **ruborizar:** *teñirse de rubor semblante.*
2. **boca a boca:** *difundir una noticia de unos a otros.*
3. **pegarse un tiro:** *dispararse con un arma.*

ser mayoritariamente retratos melancólicos en los que aparecen prostitutas solitarias, mendigos, seres con alguna deformidad física, mujeres pobres con niños pequeños o parejas de amantes con aspecto triste y desconsolado.

Os voy a mostrar diapositivas de algunos cuadros de esta época, "La vida", "Mendigos junto al mar", "El viejo guitarrista ciego", "La planchadora" y finalmente "La muerte de Casagemas", aquí me vais a permitir que me detenga un instante. Este cuadro es obra del dolor, Picasso organizó para su amigo un entierro digno de un santo. Pero en una versión un tanto atea, fijaos bien en lugar de coros de ángeles, en el cuadro aparecen prostitutas, vestidas solamente con medias[1]. Mientras tanto las personas que están alrededor del difunto se lamentan con gestos patéticos[2]; entre ellos se encuentra Picasso. Con esta pequeña exposición os podéis hacer una idea de lo que fue este periodo.

La transición hacia el color rosa fue bastante brusca[3], en esta nueva y breve etapa de su carrera (1905-1906), encontramos un acento optimista y positivo. El carácter de las pinturas se vuelve más poético, ahora pinta maternidades y hermosos desnudos, pero también se introduce en el mundo de los arlequines[4], acróbatas[5], payasos y saltimbanquis[6], que ejercen sobre el una gran fascinación. Llegando a idealizar la forma de vida y trabajo de las personas que formaban el circo. Pero todo este interés por el circo surge cuando él y un grupo de amigos suyos, entre los que se encontraban jóvenes poetas y pintores, comienzan a acudir casi a diario al circo Medrano que se encontraba en Montmartre cerca de su domicilio (ático destartalado, sin ninguna comodidad, donde en invierno el frío era casi imposible de combatir). Picasso encuentra en estos actores, seres errantes y

36. Elige la opción correcta.

a) Las dos viviendas son muy / mucho buenas.

b) El vino es muy / mucho mejor.

c) Me gusta visitar muy / mucho frecuentemente a Lola.

d) Tu hijo es muy / mucho mayor que el mío.

e) Aprecio muy / mucho tu amistad.

37. Indica cuales de los siguientes adjetivos no corresponden al personaje.

PICASSO	OLGA
MUJERIEGO	FRÁGIL
VERSÁTIL	MENUDA
POLIFACÉTICO	PASIONAL
BOHEMIO	LONGEVA
CONSERVADOR	CELOSA
CREATIVO	GROSERA
LONGEVO	ESTUSIASTA
HUMILDE	NERVIOSA
CASTO	EGOISTA

---

1. **medías:** *prenda de algodón o licra que cubre el pié y la pierna.*
2. **patético:** *de dolor, sufrimiento.*
3. **brusco:** *rápido, imprevisto.*
4. **arlequín:** *payaso con antifaz y traje a rombos de colores.*
5. **acróbata:** *gimnasta que se exhibe en un espectáculo.*
6. **saltimbanqui:** *persona que hace ejercicios acrobáticos.*

desarraigados[1], que están al margen de los valores burgueses, y por lo tanto encarnaban[2] su ideal de libertad.

Pero no sólo cambian los tonos y la temática, también me parece importante destacar que el alargamiento de las figuras va desapareciendo y empieza a dibujar figuras mucho más rechonchas[3] que no expresan sentimiento alguno.

Algunos de vosotros os preguntaréis el porqué de este cambio tan brusco en su pintura. La respuesta es fácil, como en otras muchas ocasiones una mujer tuvo la culpa. Fernande Olivier acabó con su melancolía[4], como el resto de mujeres que pasamos por su vida. Todas en un primer momento, produjimos en él un entusiasmo creativo, casi febril.

Nos pintó a todas casi compulsivamente, es a través de esos retratos como se pueden conocer los sentimientos que le inspirábamos, el estado de ánimo en el que se encontraba o lo feliz o desgraciado que le hacíamos sentir. Cuando las relaciones se iban deteriorando la imagen pictórica de la amante se desfiguraba, se transformaba, aunque éste es otro tema.

Pero volviendo a su etapa rosa, ahora os voy a mostrar a través de estas diapositivas las obras más representativas: "La familia de saltimbanquis", "Acróbata y joven equilibrista", "Madre e hijo", "Mujer en camisa" y "La Toilette".

Como no quiero aburriros y ya llevamos casi una hora, os dejo con unas palabras que dijo Picasso para que reflexionéis:

"De entre todo – hambre, miseria, incomprensión del público – lo peor es la fama. Con ella Dios castiga a los artistas". Es una frase curiosa ¿verdad? Si os parece podemos hablar de ello en la próxima ocasión, hasta la próxima pues y muchas gracias por prestarme vuestra atención, gracias de corazón.

38. Cambia al singular las siguientes frases que aparecen en el texto.

a) Algunos de vosotros os preguntareis el porqué de este cambio tan brusco en su pintura.
_____
_____

b) Como no quiero aburriros y ya llevamos casi una hora, os dejo con unas palabras que dijo Picasso para que reflexionéis.
_____
_____

c) Si os parece podemos hablar de ello en la próxima ocasión, hasta la próxima pues y muchas gracias por prestarme vuestra atención, gracias de corazón.
_____
_____
_____

39. Indica si las siguientes afirmaciones son verdaderas o falsas.

		V	F
a)	En su etapa azul prostitutas y mendigos son algunos de los colectivos a los que retrata.	❏	❏
b)	En su etapa rosa las figuras siguen siendo alargadas pero se ve un cambio en los tonos que utiliza.	❏	❏
c)	Picasso considera la fama un castigo enviado por Dios al artista.	❏	❏
d)	Los cambios bruscos en las distintas etapas de Picasso fueron una constante en su obra.	❏	❏

---

1. desarraigado: *arrancado de la raíz, fuera de algo.*
2. encarnar: *representar alguna idea, doctrina, etc.*
3. rechoncha: *persona gruesa y baja.*
4. melancolía: *tristeza profunda y permanente.*

Olga bajó del estrado[1] buscándome con sus ojos, buscaba una mirada de aprobación por mi parte que por supuesto encontró, de nuevo había estado magnifica.

Una vez terminada la conferencia, el hijo de Don Tomás Cea compañero en la mesa del comedor de Olga, se acercó a ella.

- ¿Se acuerda de mi D.ª Olga?
- Como no, tu eres el hijo de Tomás ¿no?
- Si - respondió - me llamo Antonio, después de escuchar su conferencia no me he podido resistir a preguntarle si acudiría usted al Colegio Santo Ángel de la Guarda del que soy maestro[2]. Me ha parecido tan interesante su charla, que me encantaría que los chavales de trece años a los que doy clase pudieran escucharla.
- Pero ¿crees que a unos jóvenes de trece años les va a interesar una conferencia de una vieja como yo?, temo que les voy a aburrir.
- No lo creo, hemos estado explicando en clase el siglo XX de una manera transversal[3] en todas las asignaturas. Creo que sería un lujo para ellos que una de las personas que ha protagonizado el siglo y ha tenido la oportunidad de conocer a grandes personajes se acercara a ellos y les hablara.
- Bueno si estás tan seguro, por mi no hay inconveniente. ¿Qué te parece si me acerco por allí el viernes de la semana que viene?
- Estupendo, pero permítame que venga a recogerla.
- ¡Perfecto! el viernes que viene a las cuatro de la tarde te estaré esperando en la recepción[4].
- Hasta el viernes, D.ª Olga.

Olga se sentía bien, muy muy bien y al día siguiente no dudo en pasar por mi despacho para hacerme partícipe de su alegría.

- Rocío ¿puedo pasar? Tengo algo que contarte.

40. Utiliza el verbo SER o ESTAR según corresponda.

El hijo de D.ª Olga nunca _____ un hombre de buena salud. Siempre _____ malo. Cuando no _____ el riñón _____ el corazón y cuando no _____ el corazón _____ el hígado. Siempre se queja de algo y quizás por eso casi siempre _____ de mal humor. _____ muy especial. Sus compañeros de trabajo creen que _____ mala persona. D.ª Olga sin embargo _____ buena, le cuida y aguanta con paciencia, aunque _____ cansada.

41. Completa las oraciones con la preposición POR o PARA según corresponda.

a) _____ ser profesora, tiene muchas faltas de ortografía.

b) _____ tu culpa me han castigado.

c) _____ no haber ido al colegio nunca es muy listo.

d) Envié la maleta _____ avión _____ que llegara antes.

e) Tengo que comprar los regalos _____ las navidades.

f) Gracias _____ el afecto que me has demostrado.

g) Me dio una sorpresa _____ mi cumpleaños.

h) _____ favor, no entres en casa todavía.

---

1. **estrado:** *parte de un teatro o sala desde donde se realiza la acción.*
2. **maestro:** *docente, profesor.*
3. **transversal:** *que atraviesa o cruza algo.*
4. **recepción:** *lugar de la casa o edificio donde se recibe a las personas.*

- Claro, pasa y siéntate.

- No te lo vas a creer, ayer al terminar la conferencia se acercó a mí el hijo de Tomas, mi compañero en el comedor, resulta que Antonio – que así se llama – da clases en un colegio de Madrid, y me dijo que sus alumno estarían encantados si yo pudiera pasar a dar algunas charlas en el colegio para sus alumnos de trece años como las que organizamos aquí, él ha sido muy amable pero yo no se si realmente… ya sabes aquí somos como una pequeña familia, pero estos chicos tan jóvenes, se aburrirán[1], o aunque ellos tengan la mejor voluntad no estoy tan segura de saber como expresarme, ellos utilizan otro lenguaje… no sé Rocío, ¿a ti qué te parece?

- Ya lo sabes Olga, estoy encantada con todos estos proyectos que has emprendido[2]. Al principio tuve que empujarte un poco, pero ahora eres tú la que has tomado las riendas[3] de tu vida, y eso es estupendo. Al fin y al cabo ya eres mayorcita para decidir que te apetece hacer ¿no?

- Claro que sí, tienes razón, es que no termino de creerme todo esto que me esta sucediendo. Bueno Rocío no te robo mas tiempo, además ahora yo también tengo mucho trabajo por delante. Aún no he pensado qué les voy a contar.

- Pues no pierdas el tiempo y ya sabes que si me necesitas, aquí estoy.

De esta forma llegó el día en que el hijo de Don Tomás Cea acudió a recoger a Olga tal y como habían acordado.

- Buenas tardes D.ª Olga, ¿Cómo se encuentra? - dijo el joven profesor.

- Estupendamente, muchas gracias Antonio. ¿Está todo preparado?

Por supuesto, los chavales están ansiosos por conocerla. Si le parece bien podemos ir yendo hacia el colegio.

- Perfecto, no les hagamos esperar.

42. Selecciona el prefijo adecuado de la columna de la izquierda para formar una nueva palabra.

SUB   CLÁSICO

ANTI   MERCADO

AUTO   TIPO

NEO   NIEBLA

MICRO   MARINO

SÚPER   MÓVIL

PROTO   PRESENTE

OMNI   FONO

43. Completa este fragmento sobre Picasso, para que tenga sentido.

Picasso tuvo un _____ idealista de la libertad. No quiso conseguirla _____ exclusión, _____ por una suma de _____ variedades, de pruebas _____ e incluso opuestas, hijas de su vitalidad _____ . Y no aspiró a _____ un secreto único y recóndito del universo humano, sino a abrazarlo en su _____ .

---

1. **aburrirse:** *cansarse de alguna cosa, causar fastidio.*
2. **emprender:** *comenzar algo.*
3. **tomar las riendas:** *coger la dirección de algo.*

Cuando llegaron al colegio Santo Ángel de la Guarda fueron directamente al salón de actos donde estaban ya esperando los alumnos de Don Antonio. Era el típico colegio de monjas que Olga conocía bien, de pequeña también ella había frecuentado un colegio así, amplios corredores[1] con suelos brillantes, un bonito claustro[2] con enormes plantas y la estatua de la fundadora de la Orden[3] en el centro, y siempre ese aire de paz y sosiego.

- Buenas tardes chicos, seguro que nunca habéis visto una mujer tan mayor como yo - dijo Olga - pero ya veis que es posible llegar y en este caso superar los ochenta años o incluso los noventa.

Todo el grupo alumnos que allí se encontraban comenzaron a reír, no esperaban encontrarse con una anciana con ese sentido del humor.

- Bueno veréis, no quiero que esto se convierta en una larga y aburrida tarde de viernes. Vuestro profesor me ha comentado que este año vais a ir de viaje de fin de curso a Cataluña, y que tenéis pensado visitar el Museo Picasso en Barcelona.

Así que si os parece bien y teniendo en cuenta que es este museo el que tiene la mayor colección de los primeros años de Picasso, vamos a charlar[4] sobre como fue la infancia y juventud de Pablo Ruiz Picasso.

Como ya sabréis muchos de vosotros Picasso nació en Málaga, allí por cierto hay otro museo dedicado a su obra. Desde muy pequeño estuvo fuertemente influenciado por su padre que era profesor de dibujo y pintor. Fueron pocos los años que permaneció la familia de Picasso en Málaga ya que su padre fue trasladado primero a La Coruña y posteriormente a Barcelona donde ocuparía una plaza de docente en la Escuela de Bellas Artes. En el viaje que hizo la familia de Picasso a Barcelona pasaron por Madrid y se detuvieron en el Museo del Prado, Picasso

44. Crucigrama.

HORIZONTALES

1) Ciudad en la que estuvo expuesto el "Guernica" hasta su llegada a España.
2) Nuevo estilo pictórico que creó junto a Braque.
3) Pintor de influencia en Picasso en su etapa azul.
4) País en el que nació D.ª Olga.
5) Profesión de Rocío, empleada de la Residencia "Santa Bárbara".

VERTICALES

1) Profesión que le hubiera gustado ejercer a Picasso.
2) Ciudad en la que se encuentra uno de los museos dedicados a Picasso.
3) Ciudad de nacimiento de Picasso.
4) Ciudad en la que se conocieron Picasso y Olga.

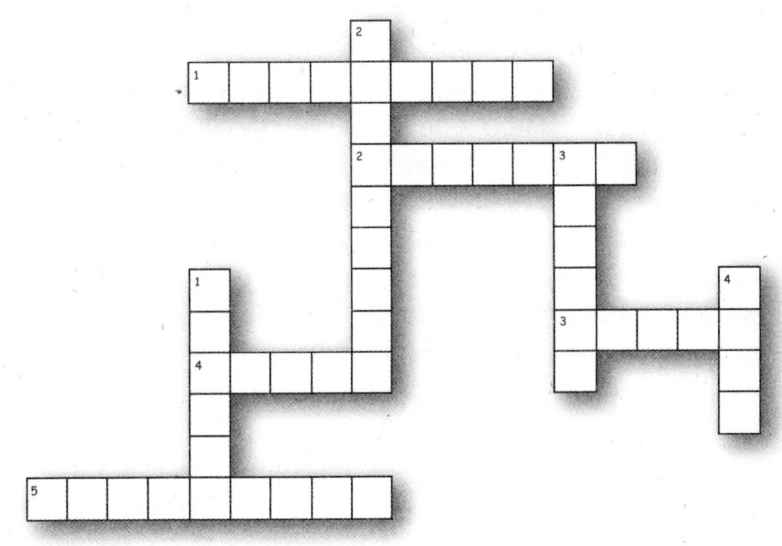

(Clave pág. 62)

---

1. corredores: *pasillos o galerías.*
2. claustro: *galería que rodea el patio de un convento.*
3. Orden: *congregación religiosa.*
4. charlar: *conversar.*

quedó maravillado, seguro que ese joven que por entonces tenía catorce años, no se podía ni imaginar que en el futuro sería nombrado director de aquella institución, y que algunas de sus obras se colgarían allí compitiendo con todos los grandes de la historia de la pintura universal.

¿Os gusta el fútbol a alguno de vosotros? Estoy segura de que sí, y seguramente habréis ido alguna vez a un campo de fútbol. Bueno pues imaginaos ahora que dentro de diez años os convertís en una estrella de ese deporte. Eso es precisamente lo que le ocurrió a Picasso.

Una vez en Barcelona, Picasso ingresó con mucha facilidad en los cursos avanzados de la Escuela de Bellas Artes conocida como La Lonja; siempre estuvo guiado por su padre que aspiraba a formar a Picasso como un gran pintor burgués[1] y académico. Por su parte Picasso tenía idealizada la figura paterna, de hecho en sus primeros cuadros como "La primera comunión" y "Ciencia y caridad", utiliza a su padre como modelo y protagonista.

El segundo cuadro que os acabo de mencionar, fue premiado primero en Madrid con una mención honorífica en la Exposición Nacional de Bellas Artes, y posteriormente con la medalla de oro en Málaga. Es en ese momento cuando su tío le envía dinero para que pueda estudiar en Madrid. Allí aprueba el examen de ingreso para el curso superior de la Escuela de Bellas Artes de San Fernando, la cual abandonó pasados unos meses al contraer la escarlatina[2] y regresó a Barcelona.

Su carrera se adivinaba ya prometedora. Pero los planes de sus padres de que se convirtiera en un pintor burgués pronto se truncaron[3]. Picasso se sumerge en la bohemia Barcelona de principios de siglo. Será en la cervecería "Cuatro Gatos" donde conoce a todos los artistas catalanes del momento. Así se va despegando de su familia y comienza su prometedora carrera.

45. Responde a las siguientes preguntas sobre el texto.

a) ¿Con qué motivo invita Tomás a D.ª Olga al Colegio Santo Ángel de la Guarda?
_____
_____

b) ¿Por qué motivo decide D.ª Olga hablar sobre la juventud de Picasso?
_____
_____

c) ¿Cuál es el consejo que da D.ª Olga a los chavales?
_____
_____

46. Selecciona la opción correcta e indica si estas palabras se escriben separadas o juntas.

a) Adiós / A dios

b) Porfín / Por fin

c) Malavenido / Mal avenido

d) Debajo / De bajo

e) Aveces / A veces

f) Antebrazo / Ante brazo

g) Depié / De pie

---

1. burgués: *perteneciente a la clase media acomodada.*
2. escarlatina: *enfermedad que produce fiebre y color rojizo en la piel.*
3. truncar: *cortar o interrumpir algo.*

Fijaos bien en las diapositivas que estáis viendo mientras os hablo. Si os dais cuenta, con tan sólo doce años, pintaba como él mismo Rafael. A mí una vez me dijo que el había nacido ya viejo y que ahora le tocaba aprender a "desaprender".

Como podéis comprobar, Picasso fue un afortunado que contó con el apoyo familiar desde su mas tierna infancia, pero no todo el mundo tiene la misma suerte. Su propia madre le creía capaz de realizar cualquier cosa que se propusiera, en una ocasión le escribió una carta en la que le decía: "Me cuentan que escribes. De ti me lo creo todo. Si un día me dijeras que has dicho misa, también te lo creería".

Yo os animo a luchar y pelear por vuestros sueños sean los que sean. No todo el mundo tiene porqué ser abogado, o médico, yo misma he sido bailarina clásica y os puedo asegurar que no me resultó nada fácil conseguir que con dieciséis años mi familia me permitiera salir fuera de mi país. Ellos querían para mi otro futuro, aunque luego se sintieron muy orgullosos. Os daré un consejo aunque no me lo hayáis pedido, no desistáis[1] de vuestros sueños ante las dificultades porque lo que más cuesta conseguir es lo que más se disfruta. Con esto vamos a finalizar esta tarde.

- No quisiera despedirme de vosotros sin recomendaros que cuando acudáis al Museo Picasso de Barcelona, prestéis especial atención a la serie de pinturas que sobre las Meninas de Velázquez pintó el maestro y que posteriormente donó[2] al museo. Picasso reinterpreta y a su vez homenajea a un artista como Velázquez rindiéndo así un tributo[3] a uno de los que consideró maestros de la pintura. A mí se me ocurre un ejercicio muy interesante y es hacer una comparación de estilos entre Velázquez y Picasso, utilizando como nexo[4] "Las Meninas". Pero esto lo dejamos para otra ocasión.

47. Completa las siguientes palabras con G o J según corresponda.

a) Esfin__e

b) __oma

c) Bu__ía

d) Conser__e

e) Relo__ero

f) Cru__ir

g) Mar__en

h) Le__ía

48. Relaciona las expresiones que aparecen en el texto con una palabra equivalente de la otra columna.

Hormigueo en el estómago	Ser testigo de algo
Romper el hielo	Empezar a realizar una tarea
Atraer como un imán	Nerviosismo
Envuelta en llamas	De unos a otros
Ponerse manos a la obra	Cubierta por el fuego
Dejar buen sabor de boca	Comenzar ante una situación tensa
Dar fe	Finalizar algo con buena sensación
Boca a boca	Sentirse unido a alguien irremediablemente

---

1. **desistir:** *abandonar o renunciar.*
2. **donar:** *traspasar o regalar.*
3. **tributo:** *homenaje, reconocimiento.*
4. **nexo:** *unión, enlace.*

Bueno chicos sólo espero que lo paséis estupendamente en vuestro viaje de fin de curso. Para mí ha sido todo un placer, hasta pronto.

Don Antonio se acercó a Olga para acompañarla al centro, pero ella prefirió ir dando un paseo, tenía mucho en que pensar.

Cuando llegó a la residencia ya había tomado una decisión, esto era lo que quería hacer mientras la salud no la fallase. Quería ir a colegios, centros de mayores, centros de cultura, etc y hablar del hombre que había sido su gran pasión, Picasso. También había llegado el momento de finalizar sus charlas en la residencia y de que otros tuviesen la oportunidad de hablar de lo que habían vivido. Así es que cuando llegó a la residencia, se dirigió a mi despacho para ponerme al día de las novedades.

- Hola Rocío, tengo algo que comentarte.

- Hola Olga - respondí - No te pongas tan seria y siéntate, o mejor, yo me muero por[1] tomarme un cafecito ¿me acompañas? Te invito, bueno yo me tomo un café y tú una tila porque te veo muy emocionada… ¿Qué es eso que tienes que decirme?

- He pensado que mis conferencias en la residencia tienen que acabar, y dar así oportunidad a otros residentes que quieran contar algo o hablar de sus experiencias,

- Está bien, yo también creo que hay que dar oportunidad a otros. ¿Has pensado ya lo que vas a hacer cuando acabes con tus conferencias aquí?

- Sí, voy a seguir con mis conferencias allí donde haya alguien que me quiera escuchar. He pensado llamar a mi hijo y que él organice pequeñas conferencias en la Fundación[2] Pablo Picasso en las que yo pueda participar. Se que mi salud no me va a permitir realizar esta tarea por mucho tiempo así que no voy a perder el tiempo. Después creo que voy a escribir mis memorias[3]. Todavía no he

49. Completa las siguientes frases del texto, utilizando un sinónimo de la palabra subrayada.

a) Eso es <u>precisamente</u> _____ lo que le ocurrió a Picasso.

b) El segundo cuadro que os acabo de <u>mencionar</u> _____ .

c) Una vez en Barcelona, Picasso <u>ingresó</u> _____ con mucha facilidad en los cursos avanzados.

d) Su carrera se <u>adivina</u> _____ prometedora.

50. Relaciona los adverbios contrarios de una columna y otra.

Antes	Deprisa
Delante	Cerca
Dentro	Después
Arriba	Detrás
Lejos	Tarde
Pronto	Abajo
Despacio	Fuera

---

1. **morirse por...:** *tener muchas ganas de hacer algo.*
2. **fundación:** *organización de tipo benéfico o sin ánimo de lucro.*
3. **memorias:** *escrito relativo a lo ocurrido a una persona a lo largo de su vida.*

decidido si luego las publicaré o no. Pero quizá sería un bonito regalo para mi hijo y mis nietos.

- Bueno pues ahora sólo te queda despedir tu ciclo de conferencias. Has pensado sobre qué vas a hablar.

- No, pero te daré una sorpresa.

A la semana siguiente, todo estaba preparado para la última conferencia de Olga. Como en las anteriores charlas, el salón estaba repleto.

Olga dio un vistazo a todos los reunidos en la sala como pasando lista e inició:

- Hoy nos hemos reunido nuevamente en torno a Picasso, pero como es la última de las conferencias, a mí me gustaría quizá hacer más hincapié[1] en sus últimos años, en un Picasso mayor pero no por ello menos activo o creativo.

El increíble paso por el mundo de Pablo Ruiz Picasso parece diseñado para desmentir la vieja y amarga[2] verdad de que los seres humanos sólo tenemos una vida. Aunque a muchos de los que estamos aquí nos gustaría ser como los gatos, y tener siete vidas ¿verdad?

Picasso es un genio creativo de una vitalidad inagotable, si acudimos a cualquiera de las muchas exposiciones antológicas que se ofrecen nos damos cuenta de que su obra es variada de principio a fin. Parece más una muestra colectiva que la obra de un solo artista.

Creo que debemos reflexionar sobre todo esto, muchas veces tenemos la falsa impresión de que cuando llegamos a mayores ya no somos útiles o productivos. Yo me he dado cuenta con estas conferencias de que todavía tengo algo que ofrecer a la sociedad, y cada uno de vosotros tenéis que encontrar vuestro camino y no tirar la toalla[3].

Tal era la vitalidad de Picasso que con ochenta años, vuelve a casarse y quizás esa estabilidad sentimental que consiguió a tan avanzada edad, le permitió realizar un asombroso despliegue creativo en su última etapa. Su

51. DEBER + infinitivo, indica obligación y DEBER DE + infinitivo indica probabilidad o suposición. Lee atentamente las siguientes oraciones e indica si está bien utilizado el DEBER + infinitivo y el DEBER De + infinitivo, si no es así modifícalas.

a) Debe ser muy tarde porque ya se ha marchado todo el mundo.
___

b) Debes de comer sólo alimentos sin azúcar porque eres diabético.
___

c) Tu hijo debe estudiar más que mi hijo porque sus notas son mucho mejores.
___

d) Si queremos aprobar debemos de estudiar todos los días.
___

e) Debes hacer los deberes si quieres jugar con tus amigos.
___

52. Indica el superlativo de los siguientes adjetivos.

a) Es muy tranquilo.   Es _____
b) Es muy amable.   Es _____
c) Son muy listos.   Son _____
d) Es muy jugoso.   Es _____

---

1. **hacer hincapié:** *insistir, perseverar.*
2. **amargo:** *que causa aflicción, pesadumbre.*
3. **tirar la toalla:** *desistir, dejar de hacer algo.*

mujer ha sido muy criticada porque apartó a Picasso de toda la corte de admiradores, curiosos y aduladores que tenía. Se trasladaron al sur de Francia a Notre-Dâme-de-Vie, y era ella misma la que administraba con cuentagotas el limitado acceso de algunos íntimos filtrando sus visitas. Pese a que muchos hablaron de una especie de secuestro por parte de Jacqueline, otros, entre los que me encuentro yo misma, pensamos que lo que hizo fue crear una sutil[1] muralla protectora. Ella no quería que se exhibiera la decadencia física de Picasso. Y él ya no podía mantener la vida social que tuvo en el pasado.

Pero no penséis que para Picasso todo fue un camino de rosas; pese a que mantuvo su genialidad creadora hasta el fin de sus días, su cuadro "Mujer desnuda acostada y cabeza" lo terminó el día 7 de abril y murió al día siguiente. Por cierto ¿Os he comentado alguna vez que falleció con noventa y tres años?

Bueno pues como decía, pese a su genialidad tuvo crisis, ya que tenía mucho miedo a las dolencias de la vejez y a la decadencia física.

Todo esto que os comento quedó claramente reflejado en los autorretratos que pintó en sus últimos años. Picasso se pintó a sí mismo y a su entorno sin omitir[2] ciertos detalles íntimos que la mayoría de la gente suele ocultar. Él siempre había querido mostrarse como un testimonio antropológico, un caso que habría de servir a los estudiosos para profundizar en el conocimiento de la naturaleza humana. De ahí las numerosas alusiones autobiográficas que encontramos en su larga vejez. De esta última etapa me gustaría resaltar el uso del color con tonalidades que rozan la 'tortura' visual y formas primitivas. A continuación os muestro algunas diapositivas para que entendáis de qué estoy hablando. "Cabeza", "Mosquetero y amor", "La familia" y "Mujer desnuda de pie y hombre sentado con pipa", son sólo algunos ejemplos de su última etapa.

53. Indica si las siguientes afirmaciones son verdaderas o falsas.

	V	F
a) Olga decidió dejar de dar charlas en la residencia para tener más tiempo libre.	❏	❏
b) Debido a la gran capacidad creativa de Picasso éste parece haber tenido más de una vida.	❏	❏
c) Según Olga ser mayor no es sinónimo de ser inútil o improductivo.	❏	❏
d) Picasso fue secuestrado los últimos año de su vida por su última mujer.	❏	❏

54. Transforma los verbos de estas oraciones en gerundio.

a) Los ancianos duermen.

   _____ .

b) Nosotros bailamos en la discoteca.

   _____ .

c) Tu trabajas mucho.

   _____ .

d) El barco sale del puerto ahora.

   _____ .

---

1. sutil: *delicada, tenue.*
2. omitir: *dejar de hacer algo, pasar en silencio una cosa.*

Podría haberos hablado de su faceta como escultor, ceramista, cartelista, dibujante o grabador, porque fue un hombre polifacético[1]. Pero personalmente me pareció interesante acabar estas charlas con su última etapa de la vida, y así poder quedarnos con su vitalidad y genialidad.

Yo ahora cedo el testigo a los que queráis subir y transmitir vuestros conocimientos. Estaré en primera fila atenta a lo tengáis que contarnos. Sólo quiero animaros, no tengáis miedo ya que se recibe mucho más de lo que uno puede ofrecer.

Finalmente me gustaría dar las gracias a Rocío a la que todos conocemos, porque me animó con esta tarea. Yo no se lo puse difícil, pero fue ella la que me dio el empujón que necesitaba. Ella me ha ayudado y estoy segura de que está dispuesta a ayudar a todo el que se lo pida, así que no dudéis y acercaos a hablar con ella.

Si alguien se ha quedado con ganas de saber más de Picasso, he dejado en la biblioteca un centenar de libros para que podáis consultar. Y desde el centro me han comentado que van a organizar otra visita al Museo Reina Sofía para todos los que os quedasteis con ganar de visitarlo. Un millón de gracias.

Todas las personas que estaban en el salón le regalaron un fuerte aplauso, y pudimos ver como a Olga se le escapaban unas lágrimas de emoción.

Ni qué decir tiene que Olga hizo despertar en todos nosotros un gran interés por la obra del genial Picasso. Como anécdota debo decir que en las siguientes semanas la biblioteca era el lugar mas concurrido[2] de toda la residencia.

Olga todavía nos tenía reservada una sorpresa. Cuando falleció dejó una serie de grabados de grandísimo valor a la "Asociación de Mayores por la Cultura" que fundamos cuando vivía en la residencia y de la que ella fue presidenta durante un año.

55. Escribe una redacción con el siguiente título:
   PICASSO Y LOS ARLEQUINES

_____

56. Completa las frases con PERO, SINO, SINO QUE.

a) Nunca me compro pantalones _____ faldas.

b) No voy a la biblioteca todos los días _____ estudio en mi casa.

c) Me gusta el dulce _____ no lo como porque engorda.

d) No compres leche _____ zumo.

e) Yo no quise que te enfadaras _____ me dijeras la verdad.

---

1. polifacético: *persona con aptitudes muy variadas.*
2. concurrido: *dícese del lugar donde concurre mucha gente.*

57. Completa las frases con HAY, ESTÁ o ESTÁN según corresponda.

a) No _____ azúcar en la despensa.

b) En la despensa _____ todas las latas de conserva.

c) Estos libros _____ fuera de su sitio.

d) ¿Dónde _____ los libros?

e) En el pueblo _____ muchas iglesias.

f) La casa de mis padres _____ en el pueblo.

58. Utiliza TENER QUE + infinitivo, como en el ejemplo, en las siguientes frases.

No es fácil bailar flamenco.
Tengo que ensayar mucho.

a) No se hablar Chino.
_____

b) Tenemos un examen de Griego.
_____

c) El tabaco es malo.
_____

d) Se me ha acabado el vino.
_____

ARLEQUÍN

59. Realiza frases con la perífrasis verbal IR A + infinitivo, como en el ejemplo.

Tu / correr en el parque.
Tu vas a correr en el parque.

a) Usted / comer pescado.
_____

b) Nosotros / visitar a nuestros padres.
_____

c) Yo / leer en la biblioteca.
_____

GUITARRA

60. Elige entre IR o IR A + infinitivo según corresponda.

A: ¡Hola Rosa! ¿Adónde _____?

B: Yo _____ a la Biblioteca.

A: ¿Qué _____ hacer en la biblioteca?

B: Pues es evidente que _____ estudiar en la biblioteca.

A: Si me esperas _____ contigo, tengo que devolver un libro.

B: Está bien, luego podemos _____ a la pizzería, seguro que nos encontramos con los demás.

A: Yo no puedo _____ a la pizzería he quedado con mis padres para _____ tomar un helado, lo siento.

CLAVES

Ejercicio 8 • Página 9

P	K	O	L	E	A	T	E	M	R	E	W	A	E
S	O	H	O	T	B	O	U	C	R	I	A	D	O
I	S	E	U	S	E	R	R	S	E	Q	J	E	S
C	I	M	T	M	Q	E	T	A	A	T	I	P	I
O	S	Z	B	B	C	R	U	O	J	B	O	I	X
L	A	J	L	A	M	O	D	E	L	O	S	N	B
O	J	E	I	Q	U	S	I	I	U	S	A	T	J
G	T	L	L	T	E	O	T	J	U	N	S	O	U
A	O	P	O	E	T	A	E	A	E	S	A	R	P
B	I	B	L	I	L	O	I	S	W	V	O	P	I
M	H	O	H	M	O	A	N	C	H	O	F	E	R
Q	B	A	I	L	A	R	I	N	A	S	I	O	P
M	E	Q	T	E	C	T	Z	C	M	T	U	Z	U

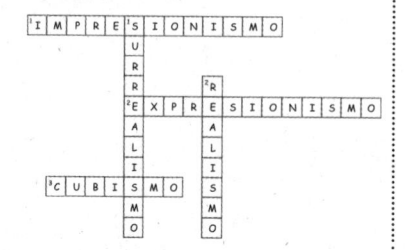

Ejercicio 34 • Página 37

K	R	H	F	N	O	S	Z	A	U	N	C	S	I
A	E	J	L	M	R	T	D	A	L	I	Q	X	B
N	L	B	K	R	D	L	M	N	Z	C	V	E	O
D	G	W	A	R	H	O	L	Y	L	Q	G	M	C
I	R	P	S	A	R	B	K	O	C	W	D	F	C
N	L	T	M	O	D	I	G	L	I	A	N	I	I
S	H	C	I	N	P	L	D	B	Q	T	N	G	O
K	M	O	R	E	A	S	Z	E	R	V	B	G	N
Y	D	G	O	H	J	C	M	U	N	C	H	F	I
B	V	A	S	Q	R	U	P	L	I	N	J	G	S
D	T	N	C	U	O	N	M	P	E	I	B	G	Q
Y	I	R	P	B	M	A	T	I	S	S	E	L	T

Ejercicio 16 • Página 17

A	P	D	D	G	I	O	E	T	L	K	M	V	Q
V	O	E	J	C	R	E	A	T	I	V	O	A	U
I	L	L	A	E	U	E	R	U	A	N	R	A	I
T	I	O	M	F	N	N	W	T	K	K	O	O	N
A	F	N	O	P	A	S	I	O	N	A	L	N	S
L	A	G	Y	H	W	A	N	R	A	G	O	C	E
L	C	E	T	E	T	K	V	I	R	U	U	N	G
E	E	V	A	M	U	J	E	R	I	E	G	O	U
F	T	O	J	T	N	K	R	L	F	A	C	K	R
U	I	F	M	N	H	H	S	E	A	A	I	G	O
E	C	I	S	I	I	U	A	F	T	G	O	A	I
R	O	R	E	H	J	S	T	A	A	O	A	O	A
U	U	I	P	U	U	E	I	E	I	A	C	U	W
F	A	F	M	C	E	T	L	W	E	O	U	I	G

Ejercicio 44 • Página 47

Horizontales:
1. NUEVA YORK
2. CUBISMO
3. GRECO
4. RUSIA
5. PSICOLOGA

Verticales:
2. BRETON
3. CUELLO
4. RAMA
1. TORRE

Ejercicio 25 • Página 27

Horizontales:
1. IMPRESIONISMO
2. EXPRESIONISMO
3. CUBISMO

Verticales:
1. SURREALISMO
2. REALISMO

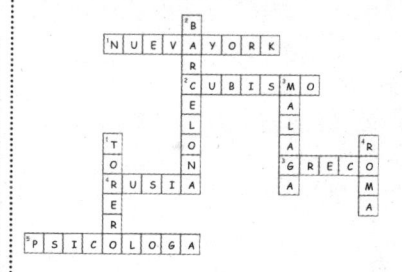

MI PORTFOLIO DE ESPAÑOL

Después de leer este libro y realizar las actividades propuestas, da una valoración a tus progresos en español.
Pon una X en la columna adecuada.

	SÍ MUCHO	SÍ BASTANTE	NO
He enriquecido mi vocabulario (ejercicios 2, 8, 16, 20, 25, 27, 34, 42, 46, 49)	❏	❏	❏
Se usar perífrasis verbales (ejercicios 51, 58, 59)	❏	❏	❏
He mejorado mi expresión escrita (ejercicios 3, 30, 33, 43, 48, 55, 56, 57, 60)	❏	❏	❏
Se usar NADA / NADIE (ejercicio 1)	❏	❏	❏
Manejo con fluidez SINÓNIMOS E ANTÓNIMOS (ejercicios 31, 50)	❏	❏	❏
Comprendo mejor un texto escrito (ejercicios 6, 11, 15, 16, 21, 28, 32, 37, 39, 44, 45, 53)	❏	❏	❏
Se usar el imperativo (ejercicios 19, 22)	❏	❏	❏
Se usar el gerundio (ejercicio 54)	❏	❏	❏
Se usar correctamente G y J (ejercicio 47)	❏	❏	❏
Uso correctamente la forma TU / USTED (ejercicio 26)	❏	❏	❏
Se usar las preposiciones (ejercicios 9, 41)	❏	❏	❏
Se usar los posesivos (ejercicio 23)	❏	❏	❏
Se usar el superlativo (ejercicios 18, 52)	❏	❏	❏
Se construir frases interrogativas (ejercicio 35)	❏	❏	❏
Se usar los verbos SER y ESTAR (ejercicios 4, 14, 29, 40)	❏	❏	❏
Se usar articulos determinados e indeterminados (ejercicios 5, 10)	❏	❏	❏
Se usar el plural y el singular (ejercicios 7, 38)	❏	❏	❏
Se usar MUY / MUCHO (ejercicios 12, 36)	❏	❏	❏
Se usar ALGO / ALGUIEN (ejercicio 17)	❏	❏	❏
Se usar los verbos en presente, pasado y futuro (ejercicios 13, 24)	❏	❏	❏

• PRIMERAS LECTURAS •

Arciniega	EL MAGO PISTOLERO
Arciniega	TERREMOTO EN MÉJICO D.F.
Bermejo	DRÁCULA Y SUS AMIGOS
Busch	MAX Y MORITZ
Cerrada Dahl	TITANIC
Cervantes	🎧 LA GITANILLA
de la Helguera	LA MÁSCARA DE BELLEZA
Del Monte	🎧 CRISTÓBAL COLÓN
Del Monte	JUEGA CON LA GRAMÁTICA ESPAÑOLA
Del Monte	¿JUGAMOS CON LAS PALABRAS?
Diez	EL CARNAVAL DE RÍO DE JANEIRO
Diez	EL GATO GOLOSO
García	LA CUCARACHA
González-Amor S.	🎧 EL FANTASMA SIN NOMBRE
Hoffmann	PEDRO MELENAS
Maqueda	EL FANTASMA CATAPLASMA
Ruiz	ALEJANDRO MAGNO
Salamandra	PANCHO VILLA
Stoker	🎧 DRÁCULA

• LECTURAS SIMPLIFICADAS •

Anónimo	EL CID CAMPEADOR
Anónimo	EL LAZARILLO DE TORMES
Alarcón	🎧 EL SOMBRERO DE TRES PICOS
Arciniega	EVITA PERÓN
Arciniega	LOS SUPERVIVIENTES DE LOS ANDES
Bazaga Alonso	EL MISTERIO DE MOCTEZUMA
Bazaga Alonso	EL MONSTRUO DE LAS GALÁPAGOS
Bazaga Alonso	HERNÁN CORTÉS
Carmos	LA NIÑA DE ORO
Cervantes	DON QUIJOTE DE LA MANCHA
Cervantes	RINCONETE Y CORTADILLO
Del Monte	¿JUGAMOS CON LAS PALABRAS?
Del Monte	JUEGA CON LA GRAMÁTICA ESPAÑOLA
Del Monte	PABLO PICASSO
Gómez	RAPA NUI. El misterio de la Isla de Pascua
Martín	🎧 GAUDÍ EN BARCELONA
Mendo	EL CASO DEL TORERO ASESINADO
Mendo	DELITO EN CASABLANCA
Rivas	🎧 SIGUIENDO LOS PASOS DE CHE GUEVARA
Rubio	VIDA DE ANA FRANK
Shelley	FRANKENSTEIN
Toledano	EL TRIÁNGULO DE LAS BERMUDAS
Ullán Comes	DELITO EN ACAPULCO
Ullán Comes	EL ASEDIO DE GIBRALTAR
Ullán Comes	EL VAMPIRO

• LECTURAS SIN FRONTERAS •

Anónimo	EL ROMANCERO VIEJO
Arciniega	AMISTAD
Bazaga Alonso	LA ARMADA INVENCIBLE
Cervantes	🎧 DON QUIJOTE DE LA MANCHA
Del Monte	JUEGA CON LA GRAMÁTICA ESPAÑOLA
Gómez	LA ISLA ENCANTADA
Ibáñez	ENTRE NARANJOS
Ibáñez	LOS CUATRO JINETES DEL APOCALIPSIS
Manuel	EL CONDE LUCANOR
Miró	EL LIBRO DE SIGÜENZA
Tirso de Molina	EL BURLADOR DE SEVILLA
Ullán Comes	LA NOCHE DE HALLOWEEN
Valera	🎧 PEPITA JIMÉNEZ

• CLÁSICOS DE BOLSILLO •

Alarcón	EL SOMBRERO DE TRES PICOS
Anónimo	EL LAZARILLO DE TORMES
Asturias	LEYENDAS DE GUATEMALA
AA.VV.	CUENTOS HISPANOAMERICANOS
Bazán	LA GOTA DE SANGRE y otros cuentos policíacos
Bécquer	LEYENDAS
Calderón de la Barca	LA VIDA ES SUEÑO
Cervantes	NOVELAS EJEMPLARES
Clarín	CUENTOS
Donoso	EL LUGAR SIN LÍMITES
Galdós	TRAFALGAR
Laforet	RELATOS
Larra	EL CASARSE PRONTO Y MAL
Lope de Vega	NOVELAS A MARCIA LEONARDA
Moratín	EL SÍ DE LAS NIÑAS
Neruda	CIEN SONETOS DE AMOR
Quevedo	EL BUSCÓN
Rojas	LA CELESTINA
Valera	LA BUENA FAMA y otros cuentos
Zorrilla	DON JUAN TENORIO

• EASY READERS SELECTION •

Alcott	LITTLE WOMEN
Barrie	PETER PAN
Baum	THE WIZARD OF OZ
Bell	PLAY WITH THE INTERNET
Brontë	WUTHERING HEIGHTS
Carroll	ALICE IN WONDERLAND
Coverley	THE CHUNNEL
Defoe	ROBINSON CRUSOE
Demeter	ATTACK ON FORT KNOX
Dickens	A CHRISTMAS CAROL
Dickens	OLIVER TWIST
Dolman	KING ARTHUR
Dolman	ROBIN HOOD STORIES
Dolman	STOLEN GENERATIONS
Dolman	THE LOCH NESS MONSTER
Dolman	THE SINKING OF THE TITANIC
Dolman	THE STORY OF ANNE FRANK
Grahame	THE WIND IN THE WILLOWS
Haggard	KING SOLOMON'S MINES
Hetherington	THE BATTLE OF STALINGRAD
James	GHOST STORIES
Jerome	THREE MEN IN A BOAT
Kingsley	THE WATER BABIES
Kipling	JUNGLE BOOK STORIES
Leroux	THE PHANTOM OF THE OPERA
London	THE CALL OF THE WILD
London	WHITE FANG
Melville	MOBY DICK
Poe	BLACK TALES
Raspe	BARON MÜNCHHAUSEN
Scott	AMERICAN INDIAN TALES
Scott	FOLK TALES
Scott	IVANHOE
Shakespeare	ROMEO AND JULIET
Shakespeare	MIDSUMMER NIGHT'S DREAM
Shelley	FRANKENSTEIN
Spencer	THE GIRL FROM BEVERLY HILLS
Stevenson	DR JEKILL AND MR HYDE
Stevenson	TREASURE ISLAND
Stoker	DRACULA
Stowe	UNCLE TOM'S CABIN
Swift	GULLIVER'S TRAVELS
Twain	TOM SAWYER
Twain	HUCKLEBERRY FINN
Twain	THE PRINCE AND THE PAUPER
Wallace	KING KONG
Whelan	A STATUE OF LIBERTY
Whelan	DRACULA'S WIFE
Wrenn	PEARL HARBOR
Wright	DRACULA'S TEETH
Wright	ESCAPE FROM SING-SING
Wright	THE ALIEN
Wright	THE BERMUDA TRIANGLE
Wright	THE MUMMY
Wright	THE MURDERER
Wright	THE NINJA WARRIORS
Wright	THE WOLF
Wright	YETI THE ABOMINABLE SNOWMAN

• INTERMEDIATE READERS 🎧 •

Austen	EMMA
Austen	PRIDE AND PREJUDICE
Bell (NO CD)	PLAY with English GRAMMAR
Bell (NO CD)	PLAY with English WORDS
Bell (NO CD)	PLAY with...VOCABULARY

PLAY AND LEARN: ARIES • TAURUS • GEMINI
CANCER • LEO • VIRGO • LIBRA • SCORPIO
SAGITTARIUS • CAPRICORN • AQUARIUS • PISCES

	BEOWULF
Brontë	JANE EYRE
Bunyan	THE PILGRIM'S PROGRESS
Chaucer	THE CANTERBURY TALES
Collins	THE WOMAN IN WHITE
Coverley	MY GRANDDAD JACK THE RIPPER
Defoe	MOLL FLANDERS
Fielding	JOSEPH ANDREWS
Fielding	TOM JONES
Hardy	FAR FROM THE MADDING CROWD
Hawthorne	THE SCARLET LETTER
James	THE PORTRAIT OF A LADY
James	WASHINGTON SQUARE
Laurence	LADY CHATTERLEY'S LOVER
Lawrence	WOMEN IN LOVE
Leroux	THE PHANTOM OF THE OPERA
Richardson	PAMELA
Roberts	JOURNEY TO SAMARKAND
Roberts (NO CD)	THE HISTORY OF ENGLAND
Thackeray	VANITY FAIR
Schreiner	STORY OF AN AFRICAN FARM
Shakespeare	ANTONY AND CLEOPATRA
Shakespeare	AS YOU LIKE IT
Shakespeare	HAMLET
Shakespeare	HENRY V
Shakespeare	KING LEAR
Shakespeare	MACBETH
Shakespeare	MUCH ADO ABOUT NOTHING
Shakespeare	OTHELLO
Shakespeare	ROMEO AND JULIET
Shakespeare	THE COMEDY OF ERRORS
Shakespeare	THE MERRY WIVES of WINDSOR
Shelley	FRANKENSTEIN
Stevenson	KIDNAPPED
Stoker	DRACULA
Wallace	THE FOUR JUST MEN
Wright	AMISTAD
Wright	BEN HUR
Wright	HALLOWEEN
Wright	RAPA NUI
Wright	THE BERMUDA TRIANGLE
Wright	THE MONSTER OF LONDON
Wright	WITNESS

© 2007 ELI SRL · LA SPIGA LANGUAGES · TEL +39 02 2157240 · info@laspigalang.com · info@elionline.com
IMPRIME TECHNO MEDIA REFERENCE · ITALIA